Nausikaa Schirilla

Multikulti

Centaurus Paper Apps

Nausikaa Schirilla

Multikulti

Herausforderung gesellschaftliche Vielfalt

Centaurus Verlag & Media UG

Bibliografische Informationen der Deutschen Nationalbibliothek
Die Deutsche Nationalbibliothek verzeichnet diese Publikation in der Deutschen Nationalbibliografie; detaillierte bibliografische Daten sind im Internet über http://dnb.d-nb.de abrufbar.

Gedruckt auf säurefreiem und chlorfrei gebleichtem Papier.

ISBN 978-3-86226-166-6 ISBN 978-3-86226-935-8 (eBook)
DOI 10.1007/978-3-86226-935-8
ISSN 2195-0970

www.centaurus-verlag.de

Umschlaggestaltung: Jasmin Morgenthaler, Visuelle Kommunikation
Satz: Vorlage der Autorin

Inhaltsverzeichnis

Einleitung 7
Herausforderung: Einwanderungsland Deutschland 8
Konzepte des Multikulturalismus 18
Interkulturelle Öffnung und Diversity 25
Kritik an den Multikulturalismuskonzepten 30
Multikulti als Gefahr 31
Ethnisierung 36
Fremdheitskonstruktionen 39
Kultur 44
Was bleibt von Multikulti oder: Minderheitenrechte im Verfassungsstaat 48
Anmerkungen 56
Literatur 57
Über die Autorin 59

Einleitung

Im Oktober 2010 erklärte Kanzlerin Angela Merkel auf dem Parteitag der Jungen Union, der Multikulti-Ansatz sei gescheitert. MigrantInnen müssten nicht nur gefördert, sondern mehr gefordert werden. Zu diesem Zeitpunkt verlangte der CSU-Politiker Horst Seehofer, Migration aus fremden Kulturkreisen nach Deutschland nicht mehr zuzulassen und erntete damit viel Kritik, auch aus den eigenen Reihen. Die Opposition wiederum warf der Bundesregierung eine gescheiterte Ausländerpolitik vor. Multikulti ist in Deutschland aktuell Leitbegriff, Streitbegriff und andererseits alltägliche Realität

Herausforderung: Einwanderungsland Deutschland

1955 wurden die ersten ArbeitsmigrantInnen angeworben, 50 Jahre später, also 2005, wird mit dem Zuwanderungsgesetz zum ersten Mal anerkannt, dass Deutschland ein Einwanderungsland ist. 2010 ist laut Bericht der Beauftragten der Bundesregierung für Migration, Flüchtlinge und Integration der Anteil der Menschen mit Migrationshintergrund leicht gestiegen und liegt bei 19,3 %. Generell wird mit Migration die dauerhafte Verlagerung des Wohnsitzes in ein anderes Land bezeichnet. MigrantInnen, also Menschen mit Migrationshintergrund (oder Migrationsgeschichte, wie manche sagen), sind definiert als Personen, die entweder selbst oder von denen ein Elternteil aus dem Ausland nach Deutschland zugewandert ist. 2010 waren das von 81,9 Millionen EinwohnerInnen Deutschlands 15,7 Millionen Personen. Davon sind 8,6 Millionen Deutsche, also 9,7 %, darunter sind ca. 4,5 Millionen (Spät)Aussiedler. 7,1 Millionen (8,7%) haben einen ausländischen Pass.

MigrantInnen sind jedoch ungleichmäßig über die Regionen Deutschlands verteilt – in den neuen Bundesländern oder in ländlichen Regionen der alten Bundesländer ist der Anteil wesentlich geringer als in den großen Ballungsräumen wie dem Rhein-Main-Gebiet oder etwa in Stuttgart. In den Stadtstaaten Bremen und Hamburg sowie in den Bundesländern Baden-Württemberg und Hessen liegt der Anteil von Menschen mit Migrationhintergrund bei 27 bzw. 26%. Auch sind diese Personen über die Altersstufen ungleich verteilt, das Durchschnittalter in der Bevölkerung mit Migrationshintergrund liegt bei 35 Jahren (45,9 bei den Mehrheitsdeutschen). Inzwischen haben 35,9 Prozent der Kinder unter 5 Jahren einen Migrationshintergrund. In der Altersgruppe über 65 Jahre beträgt der MigrantInnenanteil nur 8,5 Prozent. Die wichtigsten Herkunftsländer sind die Türkei (15,8%), Polen (8,3%), die Russische Föderation (6,7%), Italien (4,7%) und Kasachstan (4,6%).

Die größte Gruppe der MigrantInnen sind die ArbeitsmigrantInnen, ihre Familien und Nachkommen, die zwischen 1955 bis 1973 aus den Ländern Südeuropas, der Türkei und Nordafrika gezielt angeworben wurden. Die ersten Jahrzehnte der Arbeitsmigration war von Seiten der deutschen Wirtschaft und Politik, aber auch von vielen MigrantInnen selbst, als ein vorübergehender Zustand mit absehbarer Rückkehr geplant worden. Zwar wurde der Erwerb der deutschen Sprache gefördert, aber er war nicht systematisch organisiert, auch lagen Weiterqualifikation und Orientierung auf dem Arbeitsmarkt gänzlich in der Hand der Betroffenen. Weitere Gruppen unter MigrantInnen sind die (Spät)Aussiedler bzw. ihre Angehörigen, also die Nachkommen von Deutschen, die vor mehreren hundert Jahren nach Osteuropa bzw. Russland ausgewandert sind und dort eine deutsche Identität bewahrt haben. Sie kamen in großen Gruppen in den 80iger Jahren aus Mittel- und Osteuropa und in den 90iger bis heute aus den Ländern der ehemaligen Sowjetunion. Viele verloren die Möglichkeiten, die deutsche Kultur zu pflegen, die jüngeren Generationen sprachen die deutsche Sprache nicht mehr und hatten sich mit der vor Ort ansässigen russischen Bevölkerung vermischt.

Ferner leben in Deutschland noch MigrantInnen mit humanitärem Status und eine große Anzahl Studierender. Ein Studium in Deutschland ist mittlerweile in einigen Ländern sehr begehrt, der Anteil ausländischer Studierender liegt an einigen Hochschulen bei ca. 20%. An den Universitäten und in Forschungsinstituten sind mittlerweile viele MigrantInnen beschäftigt. Die deutsche Migrationspolitik zielt auf hochqualifizierte Einwanderer und Fachkräfte – MigrantInnen, die als Fachkräfte zum Arbeiten nach Deutschland kommen, werden ausländerrechtlich bevorzugt. Andererseits wird Migration verhindert – die deutsche Politik trägt wesentlich dazu bei, durch rigide Grenzenüberwachungssysteme und Kontrollen Europa abzuschotten

Die meisten MigrantInnen halten sich schon sehr lange in Deutschland auf und betrachten sich als Teil dieser Gesellschaft, die durchschnittliche Aufenthaltsdauer von Personen mit eigener Migrationsgeschichte beträgt 21 Jahre, von ItalienerInnen beispielsweise 30,6 und TürkInnen 26,6 Jahre. Zugleich heiraten viele Zugewanderte oder junge Menschen aus Familien mit Migrationsgeschichte einen Ehepartner aus dem Herkunftsland, so dass es immer wieder Familien gibt, in denen zumindest ein Partner noch nicht so lange in Deutschland lebt.

MigrantInnen aus Ländern außerhalb der EU sind mit dem Ausländerrecht einem eigenen Recht unterworfen, EU-BürgerInnenInnen verfügen über Freizügigkeit, für alle Drittstaatler regelt das Aufenthaltsgesetz den Aufenthaltsstatus. Aktuell kommen pro Jahr ca. 50.000 Flüchtlinge nach Deutschland, die als AsylbewerberInnen nur eine befristete Aufenthaltsgestattung erhalten, im ersten Jahr nicht arbeiten dürfen und sich nicht integrieren sollen. Dies gilt auch für die vielen MigrantInnen, die geduldet sind, weil sie keinen Aufenthaltstitel erhalten, in ihrem Land BürgerInnenkrieg herrscht, sie unverschuldet keine gültigen Ausweispapiere besitzen oder andere Abschiebehindernisse bestehen.

Die eingewanderte Gesellschaft in Deutschland ist ebenso vielfältig wie die mehrheitsdeutsche, aber es gibt einige Tendenzen, die sich unterscheiden und dies gilt vor allem für eine generelle soziale Marginalisierung: die Armutsgefährdung in der Migrationsbevölkerung ist deutlich größer, der Anteil der Langzeitarbeitslosen und die Altersarmut ist bei MigrantInnen höher. Die Nettohaushaltseinkommen lagen 2010 für 62% der Familien mit Migrationshintergrund unter 2600 Euro (ohne Migrationshintergrund 44%). Die Bildungsbenachteiligung ist eklatant – Kinder und Jugendliche aus MigrantInnenfamilien sind in Förder- und Hauptschulen überproportional oft und an Gymnasien und Hochschulen überproportional selten zu finden.

Die geringeren formalen Qualifikationen, der Strukturwandel weg von der Produktion zur Dienstleistungsgesellschaft, die Beschäftigung in krisenanfälligen Branchen aber auch die mangelnde Anerkennung ausländischer Abschlüsse und Qualifikationen haben die soziale und wirtschaftliche Situation der ArbeitsmigrantInnen und Spätaussiedler geprägt. Eine Ursache für soziale Benachteiligung liegt auch in der Diskriminierung von Seiten der ArbeitgeberInnen bei der Einstellung und dem Berufsaufstieg, bei der Wohnungssuche und im Bildungsbereich.

Viele MigrantInnen sind aber auch sehr erfolgreich – sie vertreten Deutschland bei internationalen Filmfestspielen, machen Politik als Parteivorsitzende, sind erfolgreiche SchriftstellerInnen oder vielfach tätige UnternehmerInnen. So ist beispielsweise auch der Vorstandsvorsitzende der größten deutschen – auch weltweit tätigen – Bank schon in der zweiten Generation Ausländer. In den großen Städten und ehemaligen Industriegebieten, in Forschungsinstituten und Banken, in der Gastronomie und Mode ist Multikulti selbstverständliche Realität.

Die 2008 vom Sinus Sociovision Institut durchgeführte Migrantenmilieustudie demonstrierte als zentrale Erkenntnis die Vielfalt der Migrationsbevölkerung – es wurden acht unterschiedliche Milieus konstruiert, die in Bezug auf ihre Werte genau so unterschiedlich sind wie die Milieus der Mehrheitsbevölkerung. Interessant ist das Ergebnis, dass von der ethnischen Zugehörigkeit nicht auf ein Milieu und vom Milieu nicht auf die ethnische Zugehörigkeit geschlossen werden kann.

Eine der Begleiterscheinungen der Zuwanderung bestand auch darin, dass sich MigrantInnengruppen stark selber halfen und ihre eigenen Netzwerke ausbildeten. Diese informellen Hilfsnetze, aber auch Diskriminierung auf dem Wohnungsmarkt und die soziale Situation führten dazu, dass es in großen Städten in manchen Stadtteilen zu einer verstärkten ethnischen und sozialräumlichen Segregation gekommen ist. Dabei ist zu beachten, dass die Stadtteile mit hohem MigrantInnenanteil in der Regel ethnisch durchmischt sind, also MigrantInnen vieler verschiedener Länder dort leben.

In vielen Stadtteilen sind Kleingewerbe, Kleinindustrie, Freizeit und Lebensweisen stark von den neuen EinwohnerInnen geprägt. In einigen Frankfurter Stadtteilen, wie dem Gallusviertel beispielsweise, sind alle Sorten von Betrieben, vom Friseur über den Gemüsemarkt bis hin zum KFZ-Mechaniker mit ausländisch klingenden Namen zu finden und damit auch ein breites Angebot an ethnisch geprägtem oder auch exotischem Essen, an Kleidung, Haarstilen etc. In vielen Großstädten sind bunte und ökonomisch lebendige Stadtteile entstanden, die nicht nur eine Vielfalt an Konsum der verschiedensten Lebensmittel und Kleidungsstile aller Herren Länder ermöglichen, sondern auch neue ökonomische Nischen hervorgebracht haben, wie Handy- und Telefonläden,

Reisebüros, Geldversand und andere Möglichkeiten der transnationalen Vernetzung.

Diese ethnische Segregation ist aber oft auch eine Armutssegregation. Soziale Segregation und Diskriminierung führen dazu, dass in manchen Stadtteilen Arbeitslosigkeit, Abhängigkeit von Transferleistungen, mangelnde Infrastruktur und andere soziale Probleme vermehrt zu finden sind und sich dann auch in den Schulen bzw. Hauptschulen soziale Konflikte und Gewalt häufen. Wenn in den Medien über Einwanderung gesprochen wird, werden oft diese sozial benachteiligten Stadtteile stellvertretend für Migration generell dargestellt. Als zentrale Faktoren werden vor allem Gewalt, Kriminalität, Heiratspraktiken und Frauenunterdrückung hervorgehoben. Als Ursache für diese Probleme wird in Politik und Medien oft das Entstehen einer Parallelgesellschaft genannt. Wenn aber beispielsweise in bestimmten Berliner Bezirken die Anzahl der Empfänger sozialer Leistungen steigt und mittlerweile auch MigrantInnenfamilien in der dritten Generation betrifft, so kann das auch als ein soziales Problem verstanden werden, das mehrheitsdeutsche Familien genauso betrifft und als soziales Problem gelöst werden muss.

Scheinbar schotten sich MigrantInnengruppen in diesen Stadtteilen auch ab, und die Debatte über Parallelgesellschaften scheint genau dies zu belegen. Statistiken und Studien zeigen jedoch, dass der Teil von MigrantInnen, der in einer eigenen Enklave einer transnational organisierten eigenen Kultur lebt, relativ begrenzt ist und bei max. 12% liegt. Ansonsten unterscheiden sich viele MigrantInnen in ihren Orientierungen in vielem nicht grundlegend von den Mitgliedern der Mehrheitsgesellschaft. Des weiteren zeigen biographieorientierte Studien immer wieder, dass sich MigrantInnen als Teil der deutschen Gesellschaft begreifen – sie definieren sich nicht unbedingt als Deutsche aber als Frankfurter Türken, Frankfurterin spanischer Herkunft, anatolischer Schwabe etc. Und als solche haben viele Lebensweisen, Wünsche und Interessen, die sie mit vielen Mehrheitsdeutschen verbinden, in anderen Aspekten wiederum trennen. In den 50iger Jahren, als man zu Orange noch Apfelsine sagte, brachten die neuen Einwanderer insbesondere aus den ländlichen Regionen Südeuropas neue Lebensgewohnheiten ins Land, eine andere Essenskultur und andere Freizeitgewohnheiten.

Aufgrund der Einwanderungsgeschichte ist in Deutschland mittlerweile eine Vielfalt an Sprachen, Religionen und Kulturen Realität, die für manche anregend und attraktiv, für andere aber neu und gewöhnungsbedürftig ist.

In Deutschland leben mittlerweile circa 4 Millionen Muslime – die Folgen sind aber noch umstritten. Es gibt beispielsweise trotz vieler Forderungen noch keinen flächendeckenden muslimischen Religionsunterricht an deutschen Schulen, der Bau neuer, vor allem großer und repräsentativer Moscheen führt an vielen Orten immer noch zu Kontroversen und um das Kopftuch im öffentlichen Raum wird vor Gericht gestritten. Lange haben die eingewanderten Muslime in Moscheen in Gewerbegebieten und Hinterhöfen gebetet und sind erst seit einiger Zeit dazu übergegangen, neue, zentral gelegene repräsentative Gotteshäuser zu bauen. Aktuell besteht eine Vielfalt an Moscheen, muslimischen Organisationen und religiösen Vereinigungen in jeder deutschen Großstadt. Die katholischen ArbeitsmigrantInnen aus den Ländern Südeuropas schlossen sich wiederum in muttersprachlichen Kirchengemeinden zusammen, um ihre Muttersprache zu sprechen und eine besondere Spiritualität zu leben.

Seit den 50iger Jahren musste sich die deutsche Gesellschaft nicht nur mit anderen Religionen auseinandersetzen, sondern auch mit neuen Essgewohnheiten und Essgeboten und dafür Regelungen in Kindertagesstätten, Krankenhäusern und Schulen finden. Die Gesellschaft wurde mit anderen Moralvorstellungen in Schule und Freizeit konfrontiert; mit anderen Familienformen und Erziehungsstilen, mit anderen Sichtweisen von Krankheit und Gesundheit, mit differenten Formen zu feiern, zu trauern und Menschen zu bestatten. Auch wenn sich viele MigrantInnen in der Migration verändert haben und sich die mehrheitsdeutsche Gesellschaft infolge von Globalisierung und Individualisierung auch sehr verändert hat, so werden immer wieder unterschiedliche Normen und Normalitätsvorstellungen thematisiert, worauf die „Multi Kulti“-Konzepte antworten.

Multikulturalismus ist generell als eine Reaktion auf diese Einwanderung zu sehen und markiert zugleich eine Position in der Debatte. AnhängerInnen des Konzepts vertreten in der Regel migrationspolitisch eine Position, die für mehr Einwanderung plädiert, Eingewanderten relative Rechte gibt, kulturelle und soziale Vielfalt bejaht und die Folgen von Einwanderung positiv bewertet. Während in der Multikulturalismusdebatte die Einen Anpassungsleistungen nur von Seiten der Eingewanderten verlangen, gehen die Anderen davon aus, dass sich Einrichtungen und Kultur der Mehrheitsgesellschaft verändert haben und konsequent weiter verändern müssen.

Einige Leistungen von Seiten der Eingewanderten und des Staates sind im Zuwanderungsgesetz von 2005 festegelegt – jetzt sind Integrationsmaßnahmen gesetzlich vorgeschrieben und auch die Finanzierung einer begleitenden Beratung. Die neu eingeführten Integrationskurse sind Pflicht für Neuzuwanderer aus Drittländern, sie bestehen aus einem mindestens 600stündigen Deutschkurs und einem Orientierungskurs. Die ältere Generation der EinwanderInnen und die EU-BürgerInnen können diese Kurse auch in Anspruch nehmen. Die Kurse werden vom Staat subventioniert und unter bestimmten Umständen auch komplett bezahlt.

Das Erlernen der deutschen Sprache wird ermöglicht, unterstützt, aber auch erzwungen, dauerhafte Aufenthaltsperspektiven hängen vom Besuch bzw. erfolgreichen Abschluss der Integrationskurse ab. Die Novelle des Zuwanderungsgesetzes (Aufenthaltsgesetz) von 2007 sieht zudem den Zuzug verheirateter EhepartnerInnen aus dem Ausland nur nach Nachweis von Deutschkenntnissen vor.

Das Zuwanderungsgesetz, ein Artikelgesetz, das genau „Gesetz zur Steuerung und Begrenzung der Zuwanderung und zur Regelung des Aufenthalts und der Integration von Unionsbürgern und Ausländern" heißt, vereinfacht einerseits Aufenthaltstitel, regelt Integrationsangebote und beschränkt Aufenthalt von Drittstaatlern in Deutschland auf ganz bestimmte Zwecke. Heutzutage sind die einzigen Migrationsmöglichkeiten neben der Flucht die Arbeit als Fachkraft oder die Familienzusammenführung durch Heirat.

Konzepte des Multikulturalismus

Im Hinblick auf die in der Einwanderungsgesellschaft sichtbare Vielfalt von Lebensformen und von kulturellen Entwürfen stellen sich viele die Frage nach verbindlichen Normen. Eltern, die beispielsweise vor Gericht gingen, um ihr Kind von koedukativen Schwimmunterricht oder vom Sexualkundeunterricht abzumelden, nehmen mit dem Hinweis auf die Religionsfreiheit eigene, den Curricula widersprechende, erzieherische und religiöse Werte in Anspruch und vertreten diese öffentlich. Bedeutet die Realität einer ethnischen und religiösen gesellschaftlichen Vielfalt, dass Normen, Rechte und Lebensweisen kulturell unterschiedlich gelten? Dass kulturell unterschiedliche Gruppen Menschenrechte unterschiedlich praktizieren? Was bedeutet Gleichheit in der Einwanderungsgesellschaft?

Theoretiker des sogenannten amerikanischen Multikulturalismus sind der Meinung, ethnische Gruppen hätten Rechte auf kulturelle Besonderheiten und auf besondere soziale oder andere Praktiken. Diese Position vertritt beispielweise der kanadische Sozialphilosoph Will Kymlicka. Auch in Europa findet diese Position Anhänger. So stellt sich mit Kymlicka die Frage, ob in einem demokratischen Verfassungsstaat universelle Individualrechte gelten, die jedem Menschen als BürgerInnen des politischen Gemeinwesens zukommen (Grundrechte, Menschenrechte) oder ob hier bestimmte Gruppen kollektive Gruppenrechte als ethnische Gruppe in Anspruch nehmen können. Die zweite Position vertreten Autoren wie Kymlicka oder Charles Taylor.

Sie gehen davon aus, dass es kulturell definierbare Gruppen gibt, insistieren auf dem freiheitlichen Charakter kultureller Gebote und Normen und beurteilen den Gruppenzusammenhalt von Minderheitengruppen positiv. Sie betrachten den Schutz ethnischer Minderheiten vor Assimilationsdruck als vorrangig und betrachten bestimmte (vor allem bedrohte) Kulturen als bewahrenswert. Damit plädieren sie für kulturelle Selbsterhaltung als legitimes Ziel, was auch über individuellen Freiheitsrechten stehen kann. Taylor und Kymlicka setzen sich mit unterschiedlichen Begründungen dafür ein, dass in manchen Fällen Kollektive kulturelle Rechte erhalten können – prototypischer Fall ist der Schutz der französischsprachigen Minderheit in Kanada. Das Denken der Vertreter des amerikanischen Multikulturalismus ist stark von einer Anerkennung kultureller Differenzen geprägt, diese Anerkennung verbinden die meisten Autoren aber mit einem universalistischen Modell – sie gehen davon aus, dass bestimmte Werte universal sind und für alle gelten

Wichtige Grundlage dieser multikulturalistischen Ansätze ist die Annahme der potentiellen Gleichheit aller Kulturen. Ferner betonen diese TheoretikerInnen die Relativität der eigenen Kultur und sie weisen auf Macht- und Herrschaftsverhältnisse zwischen verschiedenen Kulturen hin. Die Politik der Differenz begründen sie auch mit dem Gebot, nicht zu diskriminieren. Sie suchen auf der universalen Ebene nach den Möglichkeiten eines ethischen Konsenses und verstehen ihr Modell der kollektiven Rechte kultureller Gruppen innerhalb der Grenzen eines demokratischen Verfassungsstaats

Auch wenn die Konzepte des amerikanischen Multikulturalismus hier viel diskutiert wurden, ist der deutsche Multikulturalismus – sofern von diesem überhaupt als Einheit gesprochen werden kann – anders zu charakterisieren: eher als eine generelle Haltung der Wertschätzung von Einwanderung und kultureller Vielfalt. Diese Haltung ging einher mit einer großen Betonung von Toleranz.

Der Begriff des Multikulturalismus entstand hier in den 80iger Jahren und wurde vor allem in kirchlichen Kreisen, beispielsweise vom damaligen Vorsitzenden des ökumenischen Vorbereitungsausschuss für den „Tag des ausländischen Mitbürgers“, Jürgen Miksch, geprägt. Miksch sprach von Deutschland als einer Einheit in kultureller Vielfalt. Damals setzte sich die Beschreibung der Bundesrepublik als multikultureller Gesellschaft durch, die Vielfalt wurde als ethnisch-kulturelle und nicht als soziale, politische oder subkulturelle definiert. Mit multikultureller Zielvorstellung war ein friedliches Zusammenleben von Menschen verschiedener Abstammung, Sprache, Herkunft, Religion, politischer Meinung gemeint, in dem keine Kultur bevorzugt oder benachteiligt werden sollte. Das Modell multikulturelle Gesellschaft unterstellt gesellschaftliche Konflikte, die etwas mit kulturellen Differenzen zu tun haben, geht aber davon aus, dass diese dialogisch und auf der Basis der Gleichberechtigung gelöst werden müssen und nicht durch Ausgrenzung und Benachteiligung.

Die deutschen Vertreter des Multikulturalismus sind der Meinung, dass verschiedene Kulturen generell eine Bereicherung für die gesamte Gesellschaft darstellen. Sie berufen sich darauf, dass kulturelle Vielfalt von vielen BürgerInnen als Wert bejaht würde. Ein wichtiges Argument für multikulturelle Positionen stellt auch der Blick auf Stadtgeschichten bereit: Städte haben sich immer über Zuwanderung von außen, nicht nur vom Land sondern auch aus anderen Ländern entwickelt. Migration ist quasi ein Lebensmotor für Städte.

Die Begriffe inter- und multikulturell werden und wurden seit den 80iger Jahren aber sehr unterschiedlich gebraucht. Generell lässt sich festhalten, dass mit Multikulturalität (multikulturelle Gesellschaft) die Beschreibung des Zustands der Gesellschaft gemeint ist, dass das Adjektiv multikulturell also für die gesellschaftliche Realität angewandt wurde. Dagegen ist Multikulturalismus eher ein Modell, gültig für freiheitliche offene moderne Gesellschaften, die sich kulturell, religiös, ethnisch, sprachlich etc, zunehmend ausdifferenzieren. Das Modell Multikulturalismus positioniert sich positiv hinsichtlich des multikulturellen Zustands der Gesellschaft und drückt damit die politische Forderung bzw. die Absicht aus, ein friedliches Zusammenleben unterschiedlicher Kulturen auf der Basis der Toleranz und des Respekts zu erreichen.

Exemplarisch sei hier die Position von Miksch wiedergegeben, der 1992 interkulturelles Zusammenleben in der multikulturellen Gesellschaft so definierte: „Die Realität des Zusammenlebens mit ethnischen Minderheiten wird mit dem Begriff „multikulturelle Gesellschaft“ umschrieben. Damit wird nicht mehr und nicht weniger gesagt, dass wir in einem Land mit kultureller Vielfalt und entsprechenden Chancen und Konflikten leben,“[i]. Als zentrale Elemente des Modells interkultureller Politik in der multikulturellen Gesellschaft nennt Miksch demokratische Partizipation aller, Wahlrecht für MigrantInnen bzw. Mitspracherechte, die rechtliche Gleichstellung aller zugewanderten Gruppen, Möglichkeiten, die eigene Kultur in einer nicht feindlichen Umgebung zu leben und Bejahung der eigenen Kultur in der Fremde. Miksch betont, dass in der multikulturellen Gesellschaft viele Konflikte entstünden, auch innerhalb von Kulturen, dass aber die Lösung von Konflikten durch dialogische Formen der Konfliktlösung angestrebt werden müsse. Im Modell des Multikulturalismus ist in vielen Varianten mitgedacht, dass eine Vielfalt von Kulturen eine Bereicherung für eine Gesellschaft darstelle. Dies beruht auf folgenden Annahmen, dass a) Kulturen ethnisch zu definieren sind, b) Traditionen und Kulturen eine Einheit oder relevante Ebene darstellen und c) etwas zu Bewahrendes und Wertvolles seien.

„Bunt is beautiful" ließe sich als Devise beschreiben. Multikulturelle Politik inszenierte auch immer kulturelle Vielfalt als Lebenslust und Bereicherung für die deutsche Gesellschaft. Ein gutes Beispiel ist das Fest der Vielfalt, dass Mitte der 80iger Jahre an dem damaligen Tag der deutschen Einheit auf der Frankfurter Konstabler Wache gefeiert wurde: viele bunte und exotische Essensstände, Folklore, Musik- und Tanzdarbietungen, Reden gegen Ausländerfeindlichkeit und Rassismus, eine Atmosphäre der Entspannung und des Feierns.

Die Vertreter des Multikulturalismus oder der interkulturellen Politik warben bzw. werben um Verständnis für den Umgang mit den verschiedenen MigrantInnengruppen und setzen sich für eine liberale, humane und offene Einwanderungspolitik ein. Dies war zu Beginn der 90iger Jahre besonders relevant, da damals das Asylrecht verändert und die Flüchtlingspolitik verschärft wurden.

Zugleich war dieser Strang des Multikulturalismus immer eng verbunden mit dem (auch sehr kirchlich beeinflussten) Ansatz, MigrantInnen als Fremde zu sehen und für Verständnis und Toleranz im Empfang der Fremden und im Umgang mit den Fremden zu werben.

Mit Multikulturalismus oder dem Idealbild der multikulturellen Gesellschaft sind auch meist Vorstellungen verbunden, die über ein reines „bunt is beautiful" hinausgehen und stärker partizipatorisch oder dialogisch angelegt sind. Es geht um soziale Gerechtigkeit und mehr politische Partizipation für MigrantInnengruppen sowie um die Beförderung ihrer unterschiedlichsten Artikulationsformen. Diese Position wird oft eher als interkultureller Ansatz gekennzeichnet. Es ist allerdings schwierig, hier eine klare Trennlinie zu sehen. Grundsätzlich gilt, während ein multikultureller Zugang eher das Nebeneinanderbestehen von Kulturen betont, steht beim Interkulturellen Ansatz das Miteinander und der Austausch im Vordergrund. In der Praxis werden die Definitionen oft unscharf gebraucht.

Für alle multikulturellen Ansätze ist der Gedanke der Toleranz zentral. Wie Kymlicka argumentiert, ist das multikulturelle Modell ein Modell für demokratische Gesellschaften und versteht sich innerhalb verfassungsmäßiger Ordnungen. Multikulturelle Modelle leugnen keine Wertekonflikte oder Widersprüche zwischen verschiedenen Ordnungen, sie setzen sie geradezu voraus, aber das Scharnier ist die Toleranz. Konflikte sollen auf der Basis von Toleranz und Kommunikation gelöst werden. Das bedeutet, dass keiner Seite Recht oder Unrecht zugesprochen wird, sondern allen gute Gründe für das, was sie vertreten, zugesprochen wird. Das Toleranzkonzept setzt einen gemeinsamen allgemeinen Rahmen verbindlicher Werte, wie den einer Verfassung oder der Menschenrechte voraus.

Interkulturelle Öffnung und Diversity

Weitere Varianten multikultureller Vorstellungen stellen das Konzept von Diversity und die Interkulturelle Öffnung dar. Interkulturelle Öffnung wird im Sozial- und Gesundheitsbereich und in der Verwaltung viel diskutiert und als ein Modell der Veränderung von Organisationen gehandelt. Das Konzept geht davon aus, dass sich alle öffentlichen Bereiche der Gesellschaft interkulturell öffnen müssen. Diese Anpassung an ein neues Klientel verlangt auf der individuell-fachlichen Ebene von Mitarbeitenden interkulturelle Kompetenz. Folgende Komponenten interkultureller Kompetenz werden in der Regel aufgeführt: Reflexive Kompetenzen wie Sensibilität gegenüber der eigenkulturellen Prägung, Offenheit, Sprache; des Weiteren Kenntnisse wie beispielsweise Kenntnisse kulturspezifischer Muster, rechtlicher und sozialer Aspekte von Migration und abschließend Handlungskompetenzen wie Anerkennungskompetenz, Verstehen und Empathie aber auch Impulse für Austausch und Dialog, Strategien gegen Ausgrenzung und Rassismus. Die interkulturelle Herausforderung im Sozial- und Gesundheitsbereich besteht darin, eine Gratwanderung zwischen soziokultureller Zugehörigkeit und der individuellen und biographischen Besonderheit von KlientInnen zu vollziehen.

Das Konzept der interkulturellen Öffnung wirft den Blick auf die Organisationen im Dienstleistungsbereich bzw. auf das Sozial- und Gesundheitswesen. Es stellt alle öffentlichen und privaten Akteure der Gesellschaft vor die Aufgabe, ihre Angebote auf die Bedürfnisse und Interessen der Einwanderungsgruppen auszuweiten und auf diese einzugehen. Aus diesen Konzepten geht hervor, dass sich die Gesellschaft bzw. Einrichtungen der Gesellschaft den MigrantInnen anpassen müssen und sich diese nicht allein dem deutschen System anzupassen haben. Derartige Zugänge kommen dem Inklusionskonzept sehr nahe. Es handelt sich hier um Strategien für Chancengleichheit, gegen Ausgrenzung und für die gleichberechtigte Teilhabe von MigrantInnen an der Gesellschaft und am Gesundheits- und Sozialsystem.

Interkulturelle Öffnung beinhaltet letztlich eine Veränderung der Angebots- und Personalstruktur von Diensten mit dem Ziel, eine stärkere und bessere Nutzung durch MigrantInnen zu erzielen. Dies soll erreicht werden durch eine bessere Reaktion auf deren Bedürfnisse. Wichtige Elemente interkultureller Öffnung sind eine migrationssensible Angebotstruktur (niedrigschwellig, partizipativ), eine Veränderung der Öffentlichkeitsarbeit (Mehrsprachigkeit, muttersprachliche Informationen), eine Anpassung der äußeren Strukturen wie Räume an veränderte Kommunikationsgewohnheiten (mehr Platz zum Treffen und Austausch im Eingangsbereich). Interkulturelle Öffnung hat auch Folgen für die Personalpolitik und verlangt die Einstellung von Muttersprachlern/MigrantInnen oder zumindest Fortbildungen und Qualifikationen für die Mitarbeitenden. Wichtig ist auch die Vernetzung mit Organisationen von MigrantInnen.

Interkulturelle Öffnung lässt sich auch gut in einer allgemeinen Kundenorientierung von öffentlichen Organisationen oder im Kontext neuer Steuerungsmodelle der öffentlichen Verwaltung realisieren. Instrumente interkultureller Öffnung sind entsprechend Organisationsentwicklung, interkulturelle Elemente im Qualitätsmanagement und die Personalentwicklung. Wichtige Kooperationspartner sind die Migrationsdienste der Wohlfahrtsverbände, muttersprachliche Kirchengemeinden oder Moscheen, MigrantInnenorganisationen und Schlüsselpersonen aus MigrantInnencommunities, die Interkulturellen Büros und Ausländerbeiräte der Kommunen und

Kreise. Chartas, Appelle und Kampagnen stellen ein mögliches Mittel dar. Als Beispiel sei die Charta für eine kultursensible Altenhilfe und der interkulturelle Öffnungsprozess des Jugendamts bzw. der Stadt München genannt.

Mittlerweile wird als Alternative zu interkulturellen Konzepten der Diversity-Ansatz stark gemacht. Im Diversity-Management, einem Konzept, das aus der Personalentwicklung kommt und in diese hineinwirkt, erscheint Kultur als ein Aspekt von Vielfalt neben vielen anderen Aspekten wie Alter, Geschlecht, Mobilität. Mit Diversity-Ansätzen wird die kulturalisierende Brille kritisiert und auf eine Vielfalt sozialer Differenzen verwiesen. Das Diversity-Management ist ein sehr ressourcenorientiertes Konzept, es ist nicht ethnisch ausgerichtet und stellt einen egalitären Ansatz dar. Auch der Diversity-Ansatz geht von der Relevanz kultureller Unterschiede aus, will diese Differenzen aber nicht ausgleichen sondern befördern, denn im Diversity-Ansatz werden Differenzen als Ressourcen begriffen. So geht es beispielsweise darum, Alter und Erfahrung, Mehrsprachigkeit und unterschiedliche Herangehensweisen als Differenzen anzuerkennen und als Ressourcen zu nutzen

Diversity-Management versteht sich als Strategie zur Verwirklichung von Chancengleichheit und zur Verbesserung der betrieblichen Integration. Es beruht auf der umfassenderen Wertschätzung der Beschäftigten und strebt die erhöhte Nutzung vorhandener Ressourcen und

Kompetenzen zur Steigerung der allgemeinen Arbeitsplatzattraktivität und zur verbesserten Erfüllung von Kundenbedürfnissen an. Das soll zu Vorteilen im Wettbewerb führen.

Diversity-Management beschreibt daher ähnlich wie interkulturelle Öffnung einen Veränderungsprozess von Organisationen. Es beruht auf einem normativem Verständnis von Organisationen.

In der konzeptionellen Diskussion hat sich mittlerweile auch das Konzept der Transkulturalität behauptet. Der Begriff geht davon aus, dass Kulturen keine abgegrenzten Einheiten darstellen, sondern dass Kulturen miteinander verbunden, vernetzt und verflochten sind. Für die Subjekte einer Gesellschaft bedeutet dies, dass sie von mehreren Kulturen geprägt sind – also intern transkulturell verfasst sind. Der Begriff der Transkulturalität begreift sich als Kritik am Multikulturalismuskonzept und auch an dem der Interkulturalität, insofern bzw. wenn diese mit Vorstellungen von einheitlichen, separierten Kulturen arbeiten. Er betont verbindende Elemente zwischen Kulturen, fokussiert Ränder, Überschneidungen und Mischungen.

Zusammenfassend kann gesagt werden, unabhängig von der konkreten Ausgestaltung sind sich alle multikulturellen Ansätze einig in einer positiven Haltung zu Kultur und zur Einwanderung. Sie gehen aus von einem Kulturbegriff als Einheit und betrachten kulturelle Unterschiede nicht als Problem, sondern als Bereicherung. Multikulturelle Ansätze fordern daher eine liberale Migrationspolitik und eine partizipatorisch ausgestaltete Integrationspolitik. Sie verstehen unter Integration nicht Assimilation – also Angleichung von Neuzuwanderern an eine fiktive Leitkultur, sondern Partizipation, Chancengleichheit in Bildung und Beruf und Abbau von Vorurteilen und Diskriminierung. Integration wird nicht als eine Einbahnstraße verstanden sondern als ein Prozess, in dem verschiedene Seiten Anpassungs- und Veränderungsleistungen erbringen.

Kritik an den Multikulturalismuskonzepten

Die Kritik am Multikulturalismus kann grob in zwei Gruppen eingeteilt werden:

a) Die eine Gruppe umfasst ProtagonistInnen des Leitkulturgedankens und KritikerInnen des Multikulturalismus, die sich auf eine konsequente Verwirklichung der Frauen- und Menschenrechte berufen und dies durch den Multikulturalismus gefährdet sehen. Diese Kritik steht der Einwanderung oder Einwanderergruppen eher skeptisch gegenüber und entwickelt daher Alternativen zum Multikulturalismus, die eher auf Assimilation ausgerichtet sind und plädiert auch für eine Begrenzung der Zuwanderung.

b) Die andere Richtung der KritikerInnen ist sehr offen für weitere Zuwanderung, verfolgt eine liberale Migrations- und eine demokratische Integrationspolitik, kritisiert aber den Gebrauch des Kulturbegriffs. Sie kritisieren eine Kulturalisierung sozialer und politischer Aspekte durch den Multikulturalismusdiskurs. Ausgehend von einem konstruktivistischen Kulturkonzept fragen sie, ob Kultur überhaupt eine analytisch sinnvolle Kategorie darstellt und ob man überhaupt von Kulturen als abgrenzbaren Einheiten sprechen kann.

Multikulti als Gefahr

Die stärkste Kritik an Multikulturalismus bejaht die Eigendynamik des Kulturellen, betrachtet bestimmte kulturelle Traditionen jedoch als Gefahr für die Demokratie. In ihrem Buch „Der Multikulti Irrtum" argumentiert beispielsweise die Berliner Anwältin und Menschenrechtsaktivistin Seyran Ates, MigrantInnen hätten in Deutschland zu viel Freiheit im Leben ihrer Kultur, sie könnten in Deutschland patriarchalische, archaische und kollektive Werte realisieren und dies stelle eine Gefährdung der Demokratie und der Menschenrechte dar. Diese KritikerInnen des Multikulturalismus beschreiben archaische, von Stammesdenken und uralten Ehr- und Blutrachekonzepten geprägte Parallelgesellschaften, die sie vor allem in den ethnisch segregierten Stadtteilen in Berlin und anderen Großstädten lokalisieren. Sie machen die ihrer Meinung nach durch den Multikulturalismus unterstützten traditionellen, gewaltsamen und rückwärtsgewandten Kulturen für Ehrenmorde, Zwangsverheiratung und Gewalt an Schulen und in Jugendcliquen verantwortlich. Sie werfen dem Multikulturalismuskonzept vor, diese gewaltsamen Kulturen zu romantisieren und für deren Weiterleben verantwortlich zu sein. Als einer der Gründe für diese parallelgesellschaftlichen Strukturen werden die Möglichkeiten des Familiennachzugs und der Heiratsmigration beschrieben und indirekt werden strengere Einreisebedingungen gefordert.

Seyran Ates kritisiert das Feiern multikultureller Buntheit beispielsweise beim Karneval der Kulturen und verweist auf grausame und harte Realitäten in MigrantInnenfamilien türkischer Herkunft, vor allem auf häusliche Gewalt, Einschränkung der Bewegungsfreiheit von Frauen etc. Sie fordert eine Verschärfung des Strafrechts, um eingewanderte Frauen aus muslimisch geprägten Ländern vor verschiedenen Formen von Gewalt zu schützen und kritisiert eine auf Konsens und Toleranz ausgerichtete Position als zu lasch. Sie unterstützt Frauen, die sich gegen Normen ihrer Familie wenden und selbstbestimmt leben möchten. Ein zentrales Problem besteht ihrer Meinung nach darin, dass aus kulturellen Gründen viele deutsche zivilgesellschaftliche Standards nicht ernst genommen werden.

Diese KritikerInnen des Multikulturalismus verbindet der Umstand, dass sie auf vermeintlich kulturellen Ursachen der vielen zu Recht beanstandeten Miseren insistieren und damit aber auch soziale und politische Aspekte ausblenden. Die Migrationsforschung hat jedoch vielfach gezeigt, dass Entwicklungen auf einer scheinbar kulturellen Ebene immer auch Reaktionen auf die soziale und politische Situation im Aufnahmeland darstellen. Die soeben dargestellte Kritik des Multikulturalismus trägt – auch unbeabsichtigt – dazu bei, Klischees und Stereotypen zu bestärken, kulturalisierende Sichtweisen zu verstetigen und die Vielfalt von Migration zu vereinheitlichen.

Die Kritik am Multikulturalismus greift insofern zu kurz, da dieser weder Konflikte in der multikulturellen Gesellschaft leugnet noch Demokratie und Menschenrechte aufgibt, sondern andere Wege zu ihrer Realisierung anvisiert. Alle multikulturalistischen Konzepte sehen als ihre Basis demokratische Rechte an. KritikerInnen der Position des „Multi Kulti Irrtums" betonen auch, dass die Maßgaben des Strafrechts und die Angebote der Jugendhilfe vielfach Möglichkeiten gäben, um menschenrechtswidrige und Kindeswohl gefährdende Praktiken zu bekämpfen und die betreffenden Personen zu schützen. Bei Bedarf können und müssen diese ausgebaut werden. Das Verdienst von Kritikerinnen wie Ates besteht jedoch darin, auf die internen Gegensätze und Zwänge in ethnischen Gruppen hinzuweisen. Eine vergleichbare Debatte hat die feministische Philosophin Susan Moller Okin mit ihrem Artikel: „Is Multiculturalism Bad for Women" in den USA angestoßen.

Eine weitere Linie der Kritik des Multikulturalismus besteht in der Leitkulturdebatte. Diese vom damaligen CDU/CSU-Fraktionsvorsitzenden Friedrich Merz um 2000 initiierte Debatte geht davon aus, dass viele Werte von Zugewanderten eine Gefährdung für die Demokratie und/oder für die deutsche Gesellschaft darstellten. Merz äußerte die Befürchtung, eine angeblich ungeregelte Zuwanderung und Probleme im Zusammenleben von Deutschen und Ausländern führe zu einer Sorge um die eigene Identität der Deutschen, die sich durch den Bezug auf eine „freiheitliche deutsche Leitkultur" auszeichne. Einwanderer hätten sich an dieser deutschen Leitkultur zu orientieren. Was mit dieser Leitkultur gemeint ist, wird nicht immer deutlich, sicher sind hier allgemein christlich abendländische Werte gemeint. Diese seien bedroht und es gelte sie zu schützen. Die Vertreter der Leitkultur-These gehen nicht nur davon aus, dass es so etwas wie eine deutsche Kultur gäbe und diese bevorzugt befördert werden müsse, sondern auch dass es eine freiheitlich deutsche Kultur gebe. Die Vertreter dieser Position argumentieren auf der Basis nationaler Werte – es geht um eine deutsche Leitkultur, aber sie argumentieren auch auf der Basis demokratischer Werte: denn die deutsche Leitkultur ist eben eine humane und freiheitliche.

Dass an der Schwelle zum dritten Jahrtausend im Gegensatz zur Situation um 1848 freiheitliche Werte aus einem nationalen Konzept begründet werden können, ist fragwürdig. Damit unterstellen die ProtagonistInnen der Leitkultur indirekt, dass eine demokratische deutsche Kultur anderen Kulturen überlegen sei, weil sie eben demokratisch und andere Kulturen undemokratisch seien, vor allem wenn sie islamisch beeinflusst sind. Trotz dieser Einwände wird die Debatte um eine deutsche Leitkultur immer wieder belebt. Sie wurde herangezogen zur Entwicklung eines Testverfahrens für Einbürgerungswillige, die nun neben einem Deutschtest, eine Reihe von Fragen zur Geschichte und Politik der Bundesrepublik beantworten müssen, um ihr Bekenntnis zur freiheitlichen Verfassung unter Beweis zu stellen.

Die Leitkulturdebatte mündet auch in einem Plädoyer für ein Verständnis von Integration als Assimilation (Anpassung) und für eine assimilatorische Integrationspolitik.

Die andere Kritiklinie zum Konzept des Multikulturalismus kommt aber von einer anderen Seite mit der Hinterfragung des Kulturbegriffes. Hier können einmal die Kritik der Ethnisierung und die Cultural Studies unterschieden werden.

Ethnisierung

In Reaktion auf die US amerikanischen „ethnicity“ Debatten und den amerikanischen Multikulturalismus hat sich eine kritische Diskussion zum Begriff der Ethnie oder Kultur entfaltet. Grundlage ist eine konstruktivistische Auffassung von Gesellschaft und Realität. Kulturelle Differenz erscheint hier letztlich als Konstrukt, das zur Formung abgegrenzter sozialer Gruppen führt. Diese Position kritisiert, dass Gruppen mit der Begründung ihrer kulturellen Besonderheit besondere Rechte bzw. Minderheitenschutz einfordern. Die Betonung kultureller Faktoren kaschiert für diese Position politische und soziale Ungleichheiten. So haben einige Studien aus den multikulturellen oder multirassischen Gesellschaften Europas demonstriert, dass in diesen Einwanderergesellschaften kulturelle Unterschiede keine Bedeutung in sich haben, sondern vor allem als Marker für soziale und politische Ungleichheiten fungieren.

Aus der Einsicht in den konstruierten Charakter von Kultur und kultureller Differenz ergibt sich die Frage nach der Brauchbarkeit dieser Begriffe für die Sozialwissenschaften. So stellt beispielsweise Frank-Olaf Radtke die Frage, ob denn nicht auch der Begriff der Ethnizität oder Kultur in der Wissenschaft die Funktion habe, mit theoretischen Konstrukten Probleme in der Welt zu erzeugen, die dann wieder der Wissenschaft bedürfen, um sie zu lösen. Wissenschaft reagiert dann zunehmend auf von ihr selbst erzeugte Probleme. Was vormals die Funktion des Begriffs der Rasse war, leistet heute der Begriff der Ethnizität (und der des Kulturunterschieds). Kulturelle Merkmale haben die Funktion, Gruppen in einem System sozialer Ungleichheit zu markieren und zu verorten. Damit erscheinen soziale Zustände (nämlich die Benachteiligung von MigrantInnen) als natürlich (weil durch die Kultur verursacht).

Die Ordnungsfunktion des Ethnischen veranlasst einige TheoretikerInnen wiederum festzustellen, dass die Dimension des Ethnischen nicht konstitutiv für die Lebenswelt der Subjekte ist. Bedürfnisse nach kultureller oder ethnischer Identität werden erst in ganz spezifischen sozialen und historischen Konstellationen überhaupt zum Thema – in Konstellationen, die ein Bedürfnis nach Orientierung und Verortung entstehen lassen. Während Ethnizität oder Kultur keine zentrale lebensweltliche Bedeutung haben, besteht ihr wahrer Einfluss darin, Personengruppen zu erzeugen, diese dann zugleich zu kategorisieren und damit ihre unterschiedlichen Zugangschancen zu den Ressourcen einer Gesellschaft zu erklären. Selbstdefinitionen von MigrantInnen als kulturelle Gruppe werden dann als Selbstethnisierung bezeichnet, es wird also unterstellt, MigrantInnen übernehmen gesellschaftlich erzeugte ethnischen Kategieren für die eigene Selbstdefinition.

Sozialwissenschaftlich hat der Begriff der Kultur für viele dann keinerlei analytische Bedeutung. Was in den aktuellen Entwicklungen zu beobachten ist, ist eher die „Ethnisierung sozialer Konflikte", bei der Konflikte, die ihre Ursache im sozialen, ökonomischen und politischen Bereich haben, mit einer kulturellen Folie überzogen und so verschleiert werden.

In eine ähnliche Richtung weisen Arbeiten, die von einem fiktiven Charakter nationaler Gemeinschaften ausgehen und zeigen, wie Kultur oder wie Frauen in einer Gesellschaft positioniert werden, um Grenzen von nationalen Gemeinschaften zu setzen und zu festigen. Andere Autorinnen zeigen beispielsweise dass junge, in den letzten Jahren nach Großbritannien migrierte Pakistanerinnen vor allem im Bereich der Heimarbeit tätig sind und dies nicht weil sie aus kulturellen Gründen diese Arbeit verrichten, sondern wegen der regionalen und sektoralen Struktur des Arbeitsmarktes.

Theoretisch trifft sich dieser Ansatz mit Tendenzen der Geschlechterforschung, Männlichkeit und Weiblichkeit als Zuschreibungen zu charakterisieren, die sozial und kulturell stets neu produziert werden. Die Produktion erfolgt in einer hierarchisierenden Art und Weise. So wie Geschlecht gesellschaftlich erzeugt wird, wird auch Kultur oder Ethnie gesellschaftlich erzeugt und entspricht nicht einem „realen" Wesen.

Fremdheitskonstruktionen

Eine weitere Kritik am Multikulturalismus, die aber auf der Basis eines anderen Begriffs von Kultur erfolgt, kommt aus den angelsächsischen Cultural Studies.

Kultur wird hier nicht ethnisch verstanden sondern als ein offenes, dynamisches Set von Begrifflichkeiten und Praktiken, das sich nicht vereinheitlichen lässt und vor allem nicht von sozialer Schicht, Geschlecht etc. zu trennen ist.

Dennoch spielt auch hier die Frage eine Rolle, ob denn Kultur überhaupt eine abgrenzbare Kategorie darstellt, ob durch die kulturelle Wahrnehmung von normalen MitbürgerInnen als „Andere" diese nicht erst zu Fremden gemacht werden, für die dann Verständnis geweckt werden müsse. Damit wird der Multikulturalismus für die oft mit ihm einhergehenden Fremdheitsvorstellungen kritisiert.

Fremdheitskonstruktionen führen zu Ausgrenzungen, Menschen werden dadurch erst zu Anderen gemacht, an die Seite der Gemeinschaft geschoben oder sogar ausgeschlossen. Im Kontext von Migration immer wieder von Fremdheit und Umgang mit dem Fremden zu sprechen, verkennt, dass es sich um BürgerInnen handelt, die sich als Teil dieser Gesellschaft begreifen, die ihren Lebensmittelpunkt in dieser Gesellschaft haben, die zum Bruttosozialprodukt beitragen und denen jede deutsche Bürger-

In in ihrem Alltag immer wieder begegnet. Der Verweis auf Fremdheit leugnet gemeinsame Betroffenheiten als Eltern, als Bewohner eines Stadtteils, als Kinder, als Jugendliche. Es grenzt aus, macht aus MitbürgerInnen andere BürgerInnen. Ein türkisches Kind isst vielleicht kein Schweinefleisch, geht in die Koranschule und spricht in der Familie Türkisch, aber es ist in der Kindertagesstätte primär Kind. Eine türkische Mutter ist Türkin und Mutter, sie spricht vielleicht nicht so gut Deutsch und kann gut Börek backen, aber sie ist im Elternabend primär als Mutter da. Durch den Fremdheitsdiskurs werden gemeinsame Lebenssituationen und gemeinsame Interessenlagen geleugnet und Menschen ausgegrenzt.

Eingangs ist die soziale Benachteiligung vieler MigrantInnengruppen aufgezeigt worden. Die Benachteiligung trifft alle ethnische Gruppen – TürkInnen, ItalienerInnen, MarokkanerInnen etc, sie kann nicht ethnisch oder kulturell begründet werden, sondern sozial oder durch Diskriminierung, über strukturelle Aspekte wie Bildung, Migrationsbiographien etc.

Fremdheitskonstruktionen haftet immer etwas Totales an. „Deutsche" sprechen über „die" türkische Familienkultur, über „die" Frau im Islam, über „den" richtigen Umgang mit islamischen Jugendlichen. Aber das Fremde als solches gibt es nicht, ebenso wenig DIE türkische Familie, DIE islamische Frau, DEN islamischen Jugendlichen etc. Alle Vorstellungen einer grundlegenden Differenz zwischen Kulturen enthalten Behauptungen und Phantasien von Einheitlichkeit und Reinheit der Kulturen, die letztlich konstruiert sind. Das Fremde gibt es nicht, es gibt nur Situationen, in denen Anderes etwas unterschiedlich ist, Anderes zu einem ganz Anderen gemacht wird oder bestimmte Wirkungen auf uns hat. Wir haben es mit Andersheit zu tun, die kulturell beeinflusst ist, aber sich nicht auf fremdkulturelle Elemente reduzieren lässt.

Eine zentrale Botschaft der Cultural Studies besteht darin, dass Kultur weder als einzige noch als grundlegende Differenz betrachtet werden kann. Differenz kann nicht verabsolutiert werden. Im Umgang mit „Fremden" geht es eher um vielfältige Unterschiede – dies ist eine der zentralen Herausforderungen, mit denen eine Gesellschaft in Folge der Migration konfrontiert ist.

Mit der Rede vom Verständnis der Fremden aufgrund des Kulturunterschieds wird eine Grenze errichtet, die als Legitimation für Ausgrenzungspraktiken funktioniert. Fremdheit und Differenz sind Konstruktionen, die aus solchen, die „unterschiedlich verschieden" (Helma Lutz) sind, wesenhaft andere machen. So können kulturelle Unterschiede nicht ohne ihren Bezug zu sozialer und politischer Ungleichheit analysiert werden. Sie können auch nicht nur als Phänomene betrachtet werden, die homogene, abgrenzbare Gruppen schaffen.

Das Argument, Kulturen stellen keine starren statischen abgrenzbaren Einheiten dar und die Überbetonung kultureller Differenzen überlagere soziale und politische Fragen, ist nicht von der Hand zu weisen. Das stellt auch die entscheidende Kritik am Multikulturalismus dar. Dennoch bedeutet das nicht, dass in heutigen Gesellschaften Kultur irrelevant werde. Eine lebensweltliche Bedeutung kultureller Einflüsse kann nicht geleugnet werden. Empirische Forschungen zeigen immer wieder, dass die lebensweltlichen Bezüge von Menschen in der Migration von kultureller Vielfalt gekennzeichnet sind. Die Lebensentwürfe vieler Jugendlicher beispielsweise stehen im Kontext der unterschiedlichsten kulturellen und subkulturellen Bewegungen und entsprechender Wir-Vorstellungen. Diese Mischungen werden als Ausdruck von Hybridität verstanden. Eine Verabsolutierung ethnisch-kultureller Kategorien beschreibt diese genau so wenig wie eine absolute Leugnung der Bedeutung der kulturellen Ebene. Elemente, die mit der Familie von Jugendlichen und damit der Herkunftskultur ihrer Eltern zu tun haben, prägen die Selbstwahrnehmung der Jugendlichen und ihre Fremdwahrnehmung. Die Wahrnehmungsweisen können durchaus kontextabhängig sein und werden von vielen Faktoren beeinflusst.

Für die meisten MigrantInnen ist es eine Alltagssituation, mit mehreren Heimaten zu leben. Das bedeutet aber auch die Loyalitäten, Festlegungen von MigrantInnen erfolgen nach unterschiedlichen Mustern, sie sind nicht nationalstaatlich geformt und entziehen sich bekannten Festlegungen. So wird von einer Transnationalisierung der Lebenswelten gesprochen. Es entstehen komplexe Lebensbezüge über Landesgrenzen hinweg, Menschen leben ihren Alltag in grenzüberschreitenden sozialen und kulturellen Lebenswelten. Es kommt immer wieder zu grenzüberschreitenden Wechsel der Wohnorte und Lebensmittelpunkten ohne den Rahmen der eigenen Familie (Ehe, Kleinfamilie, erweiterte Familie) zu verlassen, es handelt sich hier auch um sehr stabile Bande und Bindungen

Die hybriden Identitäten in der Migration beinhalten mehrfache und unterschiedliche Selbstdefinitionen, sie können monokulturell, bikulturell, mehrkulturell oder kosmopolitisch sein. Die vielfältigen Identitäten können auch religiös codiert sein – so sehen sich viele TürkInnen oder MarokkanerInnen primär als Muslime, dann als Deutsche und erst in dritter Hinsicht als ihrem bzw. dem Herkunftsland der Eltern zugehörig. Viele vor allem jugendliche MigrantInnen betrachten die Zugehörigkeit zu zwei oder mehr Kulturen als eine Selbstverständlichkeit. Dies ist die Basis für eine eigene Form von Selbstbewusstsein. Ihre Zugehörigkeit ist vor allem nicht nur kulturell bestimmt, sie definieren sich als Jugendliche, Akademiker, Kinder – die partielle Bindung an das Herkunftsland ist auch stark durch familiäre Bindungen, Liebe und Dankbarkeit bestimmt. Für diese neuen hybriden Identitätsmodelle hat unter anderem Naika Fourutan den Begriff „Neue Deutsche“ geprägt.

In dieser Gesellschaft ist es mit Sicherheit nicht möglich, unterschiedliche Herkunft als eine Selbstverständlichkeit, d. h. als eine zwar gesellschaftlich sichtbare, aber für eine Klassifizierung und Hierarchisierung unwirksame Eigenschaft anzusehen. Kulturelle Unterschiede werden immer mit Wertigkeiten verbunden und führen nicht nur zu einer Kategorisierung von Menschen, sondern auch zur Abwertung von Personen und Gruppen.

Eher ist der offene und mehrdeutige Charakter des Kulturellen mit der unabgeschlossenen Subjekthaftigkeit des Menschen in Verbindung zu bringen. So kann unterschieden werden zwischen "kultureller Identität" und "ethnischer Identität und Differenz", die eine eher soziologische Betrachtungsweise wiedergibt. Kulturelle Identität zielt auf das Subjekt, auf sein Selbstverständnis und auf die Begründungsstrategien, die es für sein Handeln liefert. Es muss also möglich sein, kulturelle Differenzen zum Gegenstand zu machen, ohne Kultur in homogene und statische Einheiten zu teilen.

Kultur

Wie kann nun Kultur definiert werden? Der Ethnologe und Anthropologe Clifford Geertz definiert Kultur „als den bedeutungsvollen Rahmen, in welchem die Menschen ihre Überzeugungen, Solidaritäten und ihr Selbst leben und gestalten, und als einer ordnenden Kraft in den Fragen des menschlichen Zusammenlebens.“[ii] Deutungen sind als Interpretationsmöglichkeiten für Handeln und für das Verständnis von Selbst und Mitwelt oder Umwelt zu verstehen. Geertz, der als Ethnologe mit der Deutung von traditionellen oder relativ homogenen kulturellen Gruppen befasst war, weist bereits auch für diese auf die innere Heterogenität und Vielfalt von Kulturen hin. Er konstatiert bei den von ihm untersuchten kulturellen Gruppen neben einer hegemonialen Kultur immer auch oppositionelle Tendenzen bzw. Deutungsangebote und Praktiken, welche die Herrschenden in Frage stellen oder unterminieren. Geertz trat dafür ein, das Vokabular kultureller Beschreibung und Analyse für Abweichung und Vielfalt zu öffnen. In diesem Sinne löst er sich von dem die Kulturdebatte lange beherrschenden Kulturbegriff, der das strukturell dominierende Moment hervorhob und damit auch Kulturen als weitgehend homogene Einheiten dachte.

Dieser Kulturbegriff ist sehr umfassend und bezieht sich einerseits auf Werte, Normen, Religion, Sprache, Überlieferungen etc. und andererseits auf Praktiken, Gewohnheiten, Haltungen, Umgang mit Artefakten und anderen Aspekten des alltäglichen Lebens.

TheoretikerInnen der Cultural Studies gehen weiter und verstehen Kultur eher als ein flexibles Zeichensystem. Sie begreifen kulturelle Symbole und Praktiken in ihrem Zeichencharakter und damit als offene, fließende, vielfachen Bedeutungen unterworfene Werte und Praktiken. Interessant an diesem Ansatz ist die Rezeption postmoderner Literaturtheorie für den Kulturbegriff. Kulturen sind in sich vielfältig. Sie sind einerseits in sich differenziert nach Klasse, Geschlecht, Region, Minderheit usw. Werte, Gewohnheiten und Vorschriften haben keinen festgelegten Sinn, sondern gewinnen ihre Bedeutung aus jeweils spezifischen Kontexten. So geraten Heterogenität und Vielstimmigkeit ins Blickfeld. Kultur kann zugleich von denen her analysiert werden, die den kulturellen Symbolen und Praktiken unterworfen sind, die sie benutzen und sie zugleich auch verändern. Dieser Ansatz begreift Kultur als offen, veränderbar und multiperspektivisch. In dieser Auffassung gibt es keine einheitlichen Kulturen, sondern jeweils unterschiedliche Formen annehmende Deutungsmuster oder sich immer wieder spezifisch und Kultur jeweils anders definierende Gruppen. Verschiedene soziale Gruppen ordnen sich unterschiedlich in kulturelle Traditionen ein.

Die Konstruktionen sozialer Gruppen über kulturelle Zuschreibungen oder Selbstzuschreibungen kann auch nicht getrennt werden von herrschaftsbestimmten sozialen Zusammenhängen. Kultur kann auch ein Spielball von Machtverhältnissen in der Gesellschaft werden – so können Gruppen nach stereotypen Mustern erzeugt werden. In dieser Auffassung wird konstruktivistischen Ansätzen so weit gefolgt, als es um die vielfältigen Möglichkeiten kultureller Bedeutungen geht. Andererseits haben kulturelle Praktiken und Symbole für Subjekte und ihre Verortung in der Welt, große Bedeutung. In diesem Sinne kann Kultur auch eine objektive Bedeutung oder eine reale weltgestaltende Bedeutung haben.

Während die Bezugsgröße für Kulturen im Westen seit langer Zeit der Nationalstaat war, ist diese Zuordnung heute fragwürdig geworden. Mit Benedict Andersons Analyse des Nationalstaats als „imagined community“ ist davon auszugehen, dass auch Nationalstaaten kontingente, offene Gebilde sind, die durch einen bestimmten Diskurs über Gemeinsamkeiten und Grenzen (fiktiv) eingegrenzt werden. Die Einsicht in die Vielfalt einer Kultur impliziert auch ihren offenen Charakter und macht eine territoriale Zuordnung unmöglich. Des Weiteren sind Kulturen nicht nur ethnisch zu definieren, sondern auch sozial, als Subkultur einer Gruppe, als ländliche oder städtische Kultur, als Organisationskultur usw.

Einer der bedeutendsten Vertreter der Cultural Studies, Stuart Hall verbindet die Analyse der sozialen Vielfältigkeit von Kulturen mit Rassismus als Ausschließungen, Kreation der Muster der Einen und der Anderen, Muster von oben und unten, von Über- und Unterlegenheit. Zugleich begreift Hall die Entstehung kulturell definierter Gruppen nicht nur als fremdbestimmt. Er spricht einerseits von einem *black subject* und geht aus von einer kulturellen Bezugsgröße. Diese bestimmt sich als schwarze Selbstdefinition durch Andersheit bzw. spezifische Traditionen und Überlieferungen, zugleich aber auch durch die erfahrene Abwertung, Negation, also durch Rassismuserfahrungen. Das „schwarze Subjekt“ zeichnet sich aus durch einen inneren Zusammenhang im Sinne gemeinsamer Werte und Lebensformen und wird durch äußere Einflüsse im Sinne von Ausgrenzung, Abwertung etc. gemacht. Kultur hat hier eine lebensweltliche Dimension und zugleich eine gesellschaftlich zugeschriebene. Andererseits kritisiert Hall bestimmte einheitliche oder idealisierende Vorstellungen eines schwarzen Subjekts, so spricht er vom “end of the innocent black subject“. Das *black subject* stellt keine feste einheitliche und reine Bezugsgröße dar. Es ist in sich differenziert durch zahlreiche Herrschaftsachsen, die oft einander überlagern. Ferner ist das schwarze Subjekt mit dem Anderen verwoben und beruht nicht auf einer reinen authentischen eigenen Kultur.

Was bleibt von Multikulti oder: Minderheitenrechte im Verfassungsstaat

Gemäß des Diskussionsstandes in der Migrationsforschung lassen sich kulturbezogene Konzepte wegen des problematischen Kulturbegriffs nicht mehr halten. Ein Blick auf die verschiedenen Auseinandersetzungen zum Multikulturalismus sowohl auf theoretischer als auch auf praktischer Ebene zeigt folgende Perspektiven auf: Zum Einen wird Zuwanderung für Deutschland wichtig bleiben. Deutschland wird in absehbarer Zeit Fachkräfte brauchen und angesichts der demographischen Entwicklung eine Verjüngung der Bevölkerung, beides kann durch mehr Zuwanderung erreicht werden. Einwanderung – zumindest qualifizierte Einwanderung – wird angesichts des Fachkräftemangels und Überalterung eine Ressource bleiben. Ansätze wie das Diversity Management werden sich wegen der ohnehin zunehmenden sozialen und subkulturellen Vielfalt verbreitern. Die seit einigen Jahren erstellten Jahresgutachten des Sachverständigenrats deutscher Stiftungen für Integration und Migration zeigen immer wieder, dass die Deutschen mehrheitlich der Zuwanderung gegenüber positiv eingestellt sind und sie Integrationsforschritte sehen.

Die Frage, ob Integration oder diversity die klassischen Fragen des Multikulturalismus beantworten, ist eher zu verneinen. Die Vielfalt des Kulturellen und neue gemischte Identitäten stehen im Fokus der Debatte. Aktuell geht es eher darum, kulturelle Differenzen als demokratisches Recht individueller BürgerInnenInnen zu begründen und nicht kollektiv wie bei den amerikanischen Multikulturalisten.

Es geht eher um Minderheitenrechte im demokratischen Rechtstaat, die nur als individuelle Rechte verstanden und ausgestaltet werden können – dies zeigen Autoren wie der ehemalige Direktor des Deutschen Instituts für Menschenrechte, Heiner Bielefeld und die US-amerikanische Sozialphilosophin Seyla Benhabib.

Gegen die These der Rechte kultureller Minderheitengruppen als Freiheitsanspruch stehen hier individuell orientierte Konzepte der Menschenwürde, der Menschenrechte und damit Grundrechte und Grundfreiheiten, die auch Kultur und Religion umfassen. Dabei gilt nach Meinung dieser AutorInnen zumindest für demokratisch verfasste Staaten, dass Rechte auf kulturell unterschiedliche Lebensweisen und Glaubensweisen in menschenrechtlicher Perspektive klar bestehen, aber nur als INDIVIDUELLE Rechte. Sie können nicht als Gruppenrechte verfasst sein. Es kann nicht Aufgabe des Staates oder der Gesetzgebung sein, die Unantastbarkeit von Kultur zu verankern. Die Politik sollte aber dafür Sorge tragen, dass Bedingungen für das Praktizieren kultureller Werte im Rahmen der Zivilgesellschaft gegeben sind. Damit steht der Staat vor der Herausforderung, institutionelle Voraussetzungen für eine freiheitliche Entwicklung kultureller und religiöser Identitäten zu schaffen. Diese Konzeption beruht auf der Vorstellung der Menschenwürde als individuellem Zug des Menschen und geht von einer Kulturkonzeption aus, die die Vielfältigkeit, Dynamik, Entwicklungsfähigkeit und Offenheit von Kulturen betont. Kulturelle Differenzen sind damit für eine menschenrechtliche Perspektive nicht irrelevant, aber als individuelle Rechte und nicht kollektiv.

Dies beinhaltet auch den Auftrag zum Abbau von Diskriminierung und ethnisch begründeter Benachteiligung. Es gibt ein Recht auf „Differenz“, aber nicht das einer ganzen Gruppe. Es ist im übrigen interessant, dass alle juristisch geführten „multikulturellen“ Klagen in Deutschland bzw. Argumentationen gegen ein Kopftuchverbot. immer mit Rekurs auf die individuelle Religionsfreiheit, im Rekurs auf die Menschenrechte und im Bezug auf Gleichheit der Geschlechter geführt wurden und werden.

Einige TheoretikerInnen haben die These entfaltet, dass der deutsche Rechtsstaat ein säkularer, neutraler Staat sei – der Religionen gegenüber das Konzept der neutralen „freundlichen" Säkularität vertrete. Der säkulare Rechtsstaat ist nicht GEGEN Religion, sondern gegen die Privilegierung einer Religion. Folglich haben MigrantInnen ein Recht darauf, Religion oder kulturelle Werte, Sprache und alle Elemente, die mit der Herkunftskultur oder Familienkultur zusammenhängen, zu leben. Das beträfe das öffentliche Tragen des Kopftuchs (z. B. am Arbeitsplatz) ebenso wie muslimischen Religionsunterricht, das Bauen von Moscheen, Frauenschwimmen, eigene Bestattungsformen, muttersprachliche Förderung etc. Es handelt sich aber stets um individuelle Rechte von BürgerInnen im Rahmen ihrer Gleichheit und ihres Rechts auf Freiheit der Religion und der Meinungsfreiheit. So gibt es Rechte auf Differenz aber stets als individuelle Rechte.

Insbesondere die Beiträge Bielefelds zeigen die im Menschenrechtsbegriff enthaltene Spannung, dass Rechte einerseits allen Menschen zukommen, sich aus dieser universalen Orientierung speisen aber wiederum spezifische Rechtsansprüche wie beispielsweise Schutz für Sprachen u. a. begründen können. In diesem Antagonismus des Besonderen und des Allgemeinen zeigt sich, dass die allgemeinen Menschenrechte insbesondere in der Konfrontation mit den spezifischen Gerechtigkeitsforderungen von Minderheitenangehörigen ihre historische Schutzfunktion entwickeln. Anliegen kultureller Minderheiten können so auch zu einer Weiterentwicklung des Menschenrechtsdiskurses beitragen. Daraus folgt für Bielefeld eine „Integration des Minderheitenschutzes in die Menschenrechte“.[iii]

Es gibt ein Recht auf Differenz – aber gibt es auch Grenzen der Differenz? Diese sind in solchen Praktiken zu sehen, die wiederum Menschenrechtsverletzungen darstellen. Es besteht kein Zweifel daran, dass beispielsweise Zwangsverheiratungen, Genitalbeschneidungen etc. Menschenrechtsverletzungen darstellen. Das Kriterium der Würde und der körperlichen Integrität des/der Einzelnen ist hier negiert. Die Perspektive, dass die Menschenrechte des Individuums im Fokus stehen, lässt zwischen Rechten auf Differenz und Grenzen von Differenz unterscheiden. Allerdings finden derartige Unterscheidungen nie in einem politisch neutralen Raum statt, vielen Positionen in der Debatte um Menschenrechte und Multikulturalität mangelt es an Differenzierung. So stellt nicht jede kulturell oder historisch differente Heiratspraxis eine Menschenrechtsverletzung dar, insofern sind arrangierte Ehen beispielsweise von erzwungenen Ehen zu trennen und überhaupt nicht als Menschenrechtsverletzung zu betrachten. Auch nicht jede kulturell oder sozial differente Ausgestaltung der Frauenrolle ist eine Menschenrechtsverletzung. Im Kontext all dieser Fragen geht es auch um die Bedeutung von Wahrnehmung. Es ist wichtig, Normierungen zu hinterfragen, die mehrheitsgesellschaftlich geprägt sind, wie beispielsweise das Kopftuch als Ausdruck von Frauenunterdrückung. Das Tragen eines Kopftuch kann für junge Frauen unterschiedliche Bedeutungen haben und auch verschiedene Botschaften ausdrücken. Daher ist es auf einer individuellen und auf der gesellschaftlichen Ebene wichtig, Wahrnehmungsmuster und die eigenkulturelle Prägung zu hinterfragen.

Wenn diese Normierungen Debatten prägen, kann es dazu führen, dass aktiver „Menschenrechts“schutz auch diskriminierend wird, indem beispielsweise allen Mädchen mit Kopftuch unterstellt wird, sie trügen es aus Zwang. Eine Diskussion der VERLETZUNG INDIVIDUELLER RECHTE muss gegen pauschalisierende Zuschreibungen, Diskriminierung und politische Instrumentalisierung abgegrenzt werden. Im Gegensatz zum Betreiben eines „falschen“ aktiven Menschenrechtsschutzes kommen der aktiven Erziehung für Menschrechte, der Sensibilisierung für Menschenrechtsverletzungen und der Stärkung des Bewusstseins über Rechte im Kontext einer Menschenrechtspädagogik in einer multikulturellen Gesellschaft besondere Bedeutung zu. Es geht insbesondere im sozialen und pädagogischen Bereich darum, Fachkräfte einerseits und deren Klientel andererseits zu ethischer Entscheidungsfindung zu befähigen. Integration von Differenz bedeutet dann die Befähigung zur Kenntnis und Durchsetzung von Rechten. In einer multikulturellen Gesellschaft werden plurale Lebensentwürfe und vielfältige soziale Organisationsformen anerkannt. Dies impliziert die Sensibilisierung für Benachteiligung und Diskriminierung.

Mit diesen Vorstellungen ist das klassische Anliegen der Multikulturalisten aufgehoben in Konzeptionen, die auf individuellen Rechten basieren. Der Schutz von Kulturen wird ersetzt durch das demokratische Recht des Lebens sozialer, subkultureller, religiöser und ethnisch kultureller Vielfalt. Vielfalt wird so demokratisch begründet, alle Strategien interkultureller Öffnung ergeben sich aus der demokratischen Vielfalt und nicht aus dem Schutz kultureller Kollektive. Die demokratische Gesellschaft ist eben auch eine kulturell vielfältige Gesellschaft und diese Vielfalt wird selbstverständlich. Binationale Ehen müssen ebenso normal und öffentlich sichtbar werden wie religiöse Vielfalt, Mehrsprachigkeit, unterschiedliche Kleidercodes, Familienformen etc. Eine demokratische multikulturelle Gesellschaft eröffnet allen Mitgliedern unabhängig von ihrer Herkunft, Religion etc. gleiche Partizipationschancen im Alltag, in den Medien und der Kunst, in Wirtschaft und Politik. Welche Maßnahmen dafür geeignet sind, muss noch erprobt und erforscht werden.

Das Konzept der Toleranz muss um Aspekte des Respekts und der Anerkennung ergänzt werden. Das bedeutet auch die Entwicklung einer Streitkultur über Werte und Normen. Die Kritik an Fehlentwicklungen, wie Gewalt, Unterdrückung etc., die die „Multikulti"-KritikerInnen immer wieder vortragen, muss aber zur Kritik an menschenrechtswidrigen Handlungen und Praktiken generell werden. Für eine Kritik an menschenrechtswidrigen Handlungen und Praktiken, wie Gewalt oder Mobbing, ist es völlig irrelevant, welchen Pass VerursacherInnen oder Opfer bzw. ihre Eltern haben oder welchen Pass sie einmal gehabt haben.

Anmerkungen

i Jürgen Miksch: Vielfalt statt Einheit, Frankfurt am Main 1997, S. 40

ii Clifford Geertz: Dichte Beschreibung, Frankfurt am Main 1995, S. 65

iii Heiner Bielefeld: Menschenrechte in der Einwanderungsgesellschaft: Plädoyer für einen aufgeklärten Multikulturalismus. Bielefeld. 2007, S. 34

Literatur

Anderson, Benedict (2005): Die Erfindung der Nation. Zur Karriere eines folgenreichen Konzepts, Frankfurt am Main.

Ates, Seyran (2009): Der Multi-Kulti Irrtum, Berlin.

Benhabib, Seyla (2008): Die Rechte der Anderen: Ausländer, Migranten, Bürger. Frankfurt am Main.

Bielefeldt, Heiner (2007): Menschenrechte in der Einwanderungsgesellschaft: Plädoyer für einen aufgeklärten Multikulturalismus. Bielefeld.

Cohen, Joshua, u. a. (Hg.) (1999): Is Multiculturalism bad for Women? Susan Moller Okin with respondents, Princeton, NJ.

Die Beauftragte der Bundesregierung für Migration, Flüchtlinge und Integration (2012): 9. Bericht der Beauftragten der Bundesregierung für Migration, Flüchtlinge und Integration über die Lage der Ausländerinnen und Ausländer, Berlin

Dittrich J. Eckhard/Radtke Frank-Olaf (1999) (Hg.) Ethnizität, Opladen.

Geertz, Clifford (1995): Dichte Beschreibung, Frankfurt am Main.

Hall, Stuart (1996): Stuart Hall. Critical Dialogues in Cultural Studies. Hrgs. Von Morley, David/ Chen Kuan-Hsien, London. New York.

Kymlicka, Will (1999): Multikulturalismus und Demokratie: über Minderheiten in Staaten und Nationen – Hamburg.

Miksch, Jürgen (1997): Vielfalt statt Einheit, Frankfurt am Main.

Navid, Kermani (2009): Wer ist wir? Deutschland und seine Muslime, Frankfurt am Main.

Taylor, Charles (1997): Multikulturalismus und die Politik der Anerkennung. Mit einem Beitrag von Jürgen Habermas, Frankfurt am Main.

Terkessidis, Mark (2010): Interkultur. Bonn.

Über die Autorin

Nausikaa Schirilla hat Philosophie, Soziologie und Pädagogik an den Universitäten Köln, Leeds/GB, Frankfurt am Main studiert, nach dem Magister in Philosophie an der Universität Frankfurt am Main in Erziehungswissenschaften promoviert und sich in dem Fachbereich auch habilitiert. Sie hat vielfältige Tätigkeiten in der außerschulischen Bildung, Erwachsenenbildung und in der sozialen Arbeit mit MigrantInnen durchgeführt. Hinzu kamen zahlreiche Projektentwicklungen und Evaluationen in dem Bereich interkulturelle und internationale Arbeit. Nach einer ausgiebigen Lehrtätigkeit und Publikationstätigkeit im Rhein-Main Gebiet ist sie seit 2005 Professorin für Soziale Arbeit, Migration und Interkulturelle Kompetenz an der Katholischen Hochschule Freiburg. Sie ist Herausgeberin der Reihe „Migration und Lebenswelten" im Centaurus Verlag.

Neben vielen anderen Publikationen ist die neueste Publikation: Autonomie und Handlungsmacht, in: Monika Kirloskar-Steinbach et al. (Hg.): Die Interkulturalitätsdebatte – Leit- und Streitbegriffe. Intercultural Discourse – Key and Contested Concepts, Freiburg, 2012.